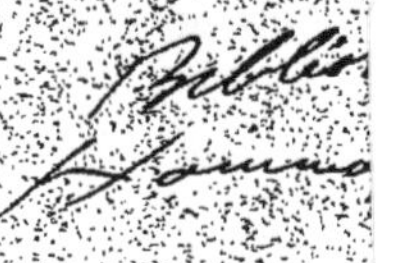

LES CROISÉS
Henry et Godefroy
DU CHATEAU DE ASCHA
(Assche, Asch ou Aix)

D'APRÈS LES HISTORIENS OCCIDENTAUX
et deux notices syriaques du XIIe siècle

PAR

F. Nau,

DOCTEUR EN SCIENCES MATHÉMATIQUES
PROFESSEUR A LA FACULTÉ CATHOLIQUE DE PARIS

Note suivie de quelques considérations

PAR

le Dr C. Bamps

DE HASSELT, MEMBRE EFFECTIF DE L'ACADÉMIE ROYALE D'ARCHÉOLOGIE DE BELGIQUE, ETC.

2me Édition.

EUG. LEEN
Imprimeur-Éditeur, Hasselt, (Belgique).
1900

LES CROISÉS
HENRY ET GODEFROY
DU CHATEAU DE ASCHA

LES CROISÉS
Henry et Godefroy
DU CHATEAU DE ASCHA
(Assche, Asch ou Aix)

D'APRÈS LES HISTORIENS OCCIDENTAUX
et deux notices syriaques du XIIe siècle.

PAR

F. Nau,

DOCTEUR EN SCIENCES MATHÉMATIQUES

PROFESSEUR A LA FACULTÉ CATHOLIQUE DE PARIS,

Note suivie de quelques considérations

PAR

le Dr C. Bamps

DE HASSELT, MEMBRE EFFECTIF DE L'ACADÉMIE ROYALE D'ARCHÉOLOGIE DE BELGIQUE, ETC

2me Édition.

EUG. LEËN
Imprimeur-Éditeur, Hasselt, (Belgique).
1900

EXTRAIT DE « L'ANCIEN PAYS DE LOOZ »
4me Année, Nos 4 à 5.

I.

Les croisés Henry et Godefroy

DU CHATEAU DE ASCHA

« Assche, Asch, Esch ou Aix »

d'après les historiens occidentaux et deux notices syriaques du XIIe siècle.

I.

La notice consacrée à ces croisés dans la *Biographie nationale publiée par l'académie royale des sciences, lettres et beaux arts de Belgique* (1) se termine par la phrase émue suivante :

Moins heureux que beaucoup d'autres guerriers belges qu'il comptait parmi ses compagnons d'armes, Henri d'Assche n'eut pas le bonheur de pénétrer dans Jérusalem ; son frère Godefroy le fut-il davantage ? nous ne saurions le dire. Les historiens des croisades gardent le silence sur son nom depuis le moment où l'armée traversa les âpres solitudes de la Phrygie.

Nous pouvons combler en partie la lacune signalée par l'auteur ; grâce à deux courtes notices, écrites à Jérusalem au XIIme siècle à la fin de deux manuscrits syriaques (2) et publiées en 1888 et 1889 par M[r] l'abbé Martin. — Nous commencerons par résumer les récits que font les historiens des croisades sur nos deux héros, car la notice belge est incomplète (3) et a surtout le tort d'omettre les détails qui seuls permettent d'identifier ces deux croisés.

Les sources. — Il est question de Henri (4) et Godefroy de Ascha (5) dans Albert d'Aix et Guillaume de Tyr ;

1) Tome 1. 1866. (Voir le mot Assche).

2) Manuscrit syriaque de Paris n° 51 et ms. syriaque de Lyon n° 1. On trouvera les textes syriaques avec leur traduction française dans le Journal Asiatique VIIIme série tomes 12 et 13, 1888 et 1889.

3) Nous ne reprocherions pas trop vivement ces omissions à un article nécessairement limité, si l'on ne trouvait d'ailleurs dans cet article de nombreuses inutilités : lorsque l'auteur, nous énumère tout ce qu'il ne dira pas, et qui appartient en effet plutôt à l'histoire générale qu'à celle des Ascha et lorsqu'il raconte des faits imaginés par lui, comme « le serment d'hommage » à l'empereur prêté par les Ascha et le rôle de ceux ci à la bataille de Dorylée.

4) On trouve ce nom écrit *Henricus* et *Heinricus*.

5) Ce nom est écrit quelquefois *Asca* dans Albert d'Aix. Nous signalerons cette particularité quand elle se présentera.

mais le second emprunte au premier tous ses récits relatifs à ces deux croisés ; il ne nous reste donc qu'une seule source : Albert d'Aix. En effet, tous les récits donnés par Guillaume de Tyr figurent dans Albert, qui en ajoute un certain nombre d'autres ; de plus, Henri et Godefroy sont nommés par ces deux auteurs dans le même ordre avec les mêmes seigneurs qui les précédent et les suivent. Comme Albert écrivait avant Guillaume, le dernier s'est donc servi du premier. Il n'est pas probable en effet qu'ils aient eu une source commune, car le texte d'Albert d'Aix nous explique un certain nombre d'omissions, de périphrases ou d'erreurs qui se trouvent dans Guillaume de Tyr ; par exemple : Albert d'Aix nous apprend que deux soldats étaient *parents par la chair* (carnaliter cognatis) de Henry. Guillaume, sans se préoccuper de la fraternité d'armes, écrit simplement *parents* (cognatis) — Ailleurs, Albert nous apprend que Henri de Ascha fit *un renard* (machine de guerre) *à l'aide de poutres de chêne,* Guillaume transcrit ; *fit un certain instrument, composé assez artificieusement, à l'aide de poutres de chêne.* — Albert écrit encore : *Henri de Ascha et le comte Hermann, l'un des principaux de l'Allemagne* (*unus de majoribus Allemaniæ*) ; ainsi, pour Albert, Hermann seul est Allemand, et nous savons en effet par ailleurs que Henri était parent de Godefroy de Bouillon et son homme (homo suus) ; Albert a donc raison de mettre au singulier *l'un des principaux de l'Allemagne*, ce qui ne s'applique ainsi qu'à Hermann. Guillaume de Tyr, à l'endroit correspondant, écrit : *Le comte Hermann et Henri de Ascha du royaume des Teutons* (de regno Theutonicorum). Il commet une interversion malheureuse qui rend son texte inexact et lui aurait sans doute donné maille à partir avec Henri, si ce dernier avait encore vécu et l'avait lu, etc. (1)

II.

Nous résumons sans rien ajouter, pas même une épithéte, ce que les historiens des croisades nous rapportent de nos héros :

---

1) Voir ci-dessous page 8, note 5, la cause d'une nouvelle erreur de Guillaume de Tyr.

Henri et Godefroy de Ascha, ou du château de Ascha étaient fils de Frédélo l'un des collatéraux de Godefroy de Bouillon (1). Ils furent des premiers croisés et figurent parmi ceux qui ne sont pas comtes, mais ils viennent en tête des hommes importants qui se livrèrent spontanément au bon plaisir de Dieu (2).

En 1096, parmi les hommes nobles et dignes d'une mémoire éternelle qui se joignirent aux troupes de Godefroy de Bouillon, il y eut le seigneur Baudouin, frère utérin de Godefroy... le seigneur *Henry de Ascha et Godefroy son frère* (3). — [On voit déjà et on le remarquera encore bien d'autres fois que les seigneurs de Ascha figurent toujours parmi les principaux chefs.]

Lorsque les croisés arrivèrent à Tollenbourg (4) et qu'ils voulurent demander raison au roi de Hongrie du massacre des compagnons de Pierre l'Ermite, et s'assurer pour eux mêmes un passage libre et des vivres, ce fut *Godefroy de Ascha* qui, à la tête d'une délégation de douze seigneurs, fut député au roi de Hongrie, près duquel il avait déjà, longtemps auparavant, rempli une mission (5).

Pourquoi, demanda *Godefroy de Ascha*, les fidèles qui nous ont précédés ont ils trouvé tant d'inhumanité ? s'ils sont coupables, nous sommes prêts a les punir, sinon nous les vengerons. — Le roi rappela à *Godefroy* leur vieille amitié, lui assura, que les gens de Pierre l'Ermite étaient des brigands et des voleurs et promit

---

1) Albert d'Aix IV. 35 H. C. O. (Historiens occidentaux des Croisade) t. IV. p. 412.

2) En 1095 — Guillaume de Tijr I, 17 H. C. O. t. I. p. 46 — Itinerario di la gran militia a la Pavese I. 10 H. C. O. t. V p. 666. Ce passage de Guillaume est le seul qui n'ait pas son correspondant *en cet endroit* chez Albert. Mais il s'agit d'une simple énumération, repétée ci dessous. On peut donc croire que Guillaume a transcrit *en deux* endroits ce qu'Albert donne dans *un*.

3) Guil. de Tyr II. 1. H. C. O. I p. 71. — Albert d'Aix II. 1. H. C. O. t. 4 p. 299; Ils sont appelés ici milites fortissimi ac principes clarissimi. — Itinerario II, 1. H. C. O. t V. p. 675 — L'ènumération est la même que la précédente. On peut se demander, à cette occasion, si l'auteur italien n'a pas pris ses noms propres dans Guillaume de Tyr puisqu'il les donne dans le même ordre, aux mêmes endroits.

4) Brück au der Leitha ou Ungarisch Altenburg près du lac de Neusiedel H C. O t. IV p 299.

5) Guill. de Tyr *loco citato* — Albert d'Aix II, 2, H. C. O. t IV. p. 300 — Itinerario II, 1 H. C. O. t. V. p. 675.

libre passage aux croisés (1). — Ceux ci, arrivés à Constantinople virent l'empereur grec arrêter un certain nombre de leurs chefs, parmi lesquels le frère du roi de France ; Godefroy de Bouillon les fit donc réclamer sous peine de guerre ; Baudouin comte de Hainaut et *Henry de Achsa*, (2) ayant eu connaissance de cet ordre partirent de grand matin pour arriver à Constantinople avant les ambassadeurs, présenter leurs hommages à l'empereur et en recevoir des présents (3) ; Godefroy de Bouillon fut irrité de cette demarche, mais le dissimula et porta son camp près d'Andrinople (4). — L'empereur sollicitait le duc d'aller lui rendre visite, mais celui ci, plein de défiance, et peu soucieux de partager la prison des autres légats refusait toujours. Enfin ne pouvant tergiverser davantage sous peine de malhonnêteté, il se fit représenter par les nobles hommes le seigneur Cunon de Montaigu, le seigneur Baudouin du Bourg et *Godefroy de Ascha*, (5) (Trois mss. d'Albert d'Aix sur sept, portent Asca.)

Les croisés purent enfin passer en Asie. En 1097, durant le siége de Nicée, pendant que tout le monde cherchait à faire brêche, *Henry de Ascha et le comte Hermann*, (6) l'un des principaux de l'Allemagne, hommes nobles et vaillants, approchèrent des murs une machine artistement faite, nommée *renard*, sous laquelle des hommes, à l'abri des traits et des pierres, devaient saper le mur. Mais la machine fut mal conduite et placée de travers (7) ou brisée par les pierres que lançaient les assiégés (8), elle se disjoignit et écrasa en un clin d'œil les vingt hommes qu'elle recouvrait — Hermann et

1) Guill. de Tyr ; II. 2, H. C. O. t. I, p. 72 — Albert d'Aix, *loco citato* — Ce discours est plus long dans Guillaume de Tyr que dans Albert, mais il est évidemment tout de fantaisie, car la sténographie n'était pas inventée. Guillaume fait un discours latin sur le thême que lui fournit son prédécesseur.

2) Ce fait suppose une certaine familiarité entre ces seigneurs. Plus bas le nom de Henry viendra avec celui d'un comte Allemand nommé Hermann.

3) Car ils n'en auraient plus reçu après l'ultimatum — Ce trait manque dans la biographie belge.

4) Albert d'Aix II, 8. H. C. O. t. IV. p. 305. Godefroy s'éloigne, sans doute pour empêcher ses hommes d'aller rendre hommage à l'empereur.

5) Albert d'Aix II. 11. H. C. O. t IV. p. 306. Guill. de Tyr. II. VII. H. C. O. t. I. p. 83 donne Henry au lieu de Godefroy. Albert vient en effet d'attribuer à Henry une première démarche, Guillaume de Tyr a réuni ces deux démarches en une. Il raconte la dernière et y met le nom de Henry, qui figurait, peu glorieusement d'ailleurs, dans la première.

6) Dans quelques mss. Hartmann.

7) Albert d'Aix.

8) Guillaume de Tyr.

Henry souffrirent de la perte de leurs soldats, et les firent ensevelir avec honneur (1). – Enfin la ville de Nicée fut prise, on délivra alors un certain nombre de prisonniers qu'avaient faits les Turcs et parmi eux une religieuse du couvent de Sainte Marie « *ad horrea* » de l'Eglise de Trèves. Celle-ci fut bientôt accusée d'avoir eu un commerce honteux et abominable avec un Turc et d'autres pendant qu'elle était captive. Tandis qu'elle gémissait sous ces injures, en présence de tous les chrétiens, elle reconnut parmi les soldats du Christ : *Henry du château de Ascha.* (2) Elle l'appella par son nom d'une voix humble et entrecoupée de sanglots et le pria de venir à son secours. Dès que Henry l'eut reconnue, il fut touché de son malheur et employa tout son pouvoir auprès du duc Godefroy, pour qu'il lui fit donner, par l'évêque Naimerus, une simple pénitence de cet inceste. On lui pardonna donc son commerce illicite et on diminua sa pénitence, parce quelle avait été opprimée par la force. (3)

La même année 1097 on alla mettre le siége devant Antioche et *Henry de Ascha* fut l'un des huit chefs (duc Godefroy, Boémond, Rainard de Toul etc.,) qui devaient marcher devant l'armée et la diriger (4). — Durant le siége Cuno de Montaigu, Henry de Ascha et son frère Godefroy, soldats qui causérent toujours de grandes pertes aux ennemis, s'attachérent à empêcher les Turcs de sortir d'Antioche ou d'y entrer. C'est à eux qu'incombait le travail le plus soutenu et le plus pénible (5). — Un jour les Turcs attaquent à l'improviste trois cents fourrageurs qui avaient passé le fleuve Farfar, ils en tuent un certain nombre, leur coupent la tête et poursuivent les autres. Les chrétiens s'arment en hâte pour aller secourir les leurs. *Henry, fils de Frédélon, du château de Ascha,* très connu par ses faits de guerre,

1) Guill. de Tyr. III. VI. H. C. O. t. I. p. 118 — Albert d'Aix II. 30 H. C. O. t. IV p. 322. La biographie Belge ne donne pas le mauvais résultat de ce stratagême.

2) Un manuscrit (B) sur sept porte Asca.

3) Albert d'Aix, II. 37. H. C. O, t. IV. p 328 — Albert nous apprend que dès le lendemain la religieuse alla rejoindre le Turc qui lui avait promis de se convertir. On sut depuis qu'elle n'avait été entraînée que par sa passion. — Ce récit manque dans la Biographie Belge.

4) Albert d'Aix III. 36, H. C. O. t. IV. 366. Un manuscrit (B) porte Asca.

5) Albert d'Aix III, 39, H. C. O. t. IV. p. 366.

avide de poursuivre les ennemis, poussa son cheval dans le fleuve, bien qu'il fut chargé de la cuirasse, du casque et du bouclier, car il n'avait pas la patience d'attendre qu'il put passer sur le pont de bateaux. L'eau lui monta au dessus de la tête mais Dieu le protégea, il arriva sain et sauf, toujours à cheval, sur l'autre rive, puis, poursuivant les Turcs avec trop de témérité, exhorta les cavaliers et les fantassins à les poursuivre jusqu'aux portes de la ville. Les Turcs reçurent alors du renfort, et ramenèrent les Gaulois (Gallos) en arrière, un certain nombre de fantassins furent tués à coups de flèches, d'autres se jetérent dans le fleuve et furent noyés. (1)

En 1098, les Francs prirent enfin Antioche mais ce fut pour s'y voir assiégés à leur tour. Ils finirent par se garder avec assez de négligence, car toute leur attention était pour se procurer les vivres qui leur faisaient totalement défaut. Les Turcs remarquèrent qu'une tour n'était plus gardée, trente d'entre eux montérent donc sur le mur pour s'en emparer, mais le chef de la police (2) parcourant les remparts vint à passer par hasard. Il se mit à crier et à appeler les gardiens des tours voisines. Ce tumulte attira l'attention de ceux qui montaient la garde dans les environs parmi lesquels se trouvait l'homme vaillant et illustre *Henry du château de Ascha*, (3) *soldat très renommé, fils de Frédélo* (4) *un des collatéraux du duc Godefroy* (*unus de collateralibus ducis God.*) *avec deux autres : Franco et Sigemar, ses parents* (*cognati*), *qui étaient de la ville appelée Machela* (*ou Mechela*) (5) *sur la Meuse* (*Mosa*). (6) Il vole plein d'ardeur à l'endroit menacé, croyant déjà que la ville a été livrée aux ennemis et les attaque pendant que l'on accourt de tous

---

1) Albert d'Aix III, 43 et 43 H. C. O. t. IV p. 369. Ce récit manque dans la biographie Belge.

2) li mestres des eschauguettes. (trad. de Guillaume de Tyr).

3) H. C. O. t. IV. p. 413. Tous ces détails *essentiels* manquent dans la biographie Belge.

4) Trois mss. portent Frédelo.

5) Une note H. C. O. t. IV. p. 413 donne *Michelen près de Maestricht*.

6) Guillaume de Tyr et Albert d'Aix donnent les mêmes noms propres. Un seul ms d'Albert donne Machela comme l'a écrit Guillaume. Les autres mss. portent Mechela Il faut donc renoncer, semble-t-il à substituer la Moselle à la Meuse dont parlent ces deux auteurs. et Machela ne peut être Macher ou Grevenmacker comme l'ont écrit sans le justifier du reste. Masen et Grower, et comme Mr A. Neyen a eu tort de le transcritre. Histoire d'Esch sur la Sûre ; *Publication de la section historique du Luxembourg* t. 31. 1876 page 177.

les côtés, il en tue quatre, et les vingt-six autres furent précipités du haut du mur. *Cependant cet homme courageux perdit son camarade Sigemar, traversé d'un coup d'épée, et il fit porter chez lui Franco, mortellement blessé d'un coup sur la tête et demi mort* (1). — Enfin les chrétiens, manquant de tout, sortirent pour livrer bataille: la cinquième colonne était formée par Rainard comte de Toul, Pierre de Stadenois son frère, le comte Garner de Gres, *Henri de Ascha* etc. (2). Soliman, chef des Turcs, cherchant avec quinze mille hommes à couper la retraite aux chrétiens vers la mer, rencontra la colonne dont faisait partie Henry de Ascha. Il fit mettre le feu aux feuilles sèches et aux ronces, le vent fit monter une épaisse nuée de fumée qui empêcha les chrétiens de voir. Les Turcs arrivant derrière cette fumée les tuaient et les criblaient de flèches. Ceux qui avaient des chevaux purent seuls se sauver mais, trois cents fantassins furent tués et d'autres faits prisonniers (3).

Après la victoire (1098), les chrétiens eurent des vivres en abondance, tandis qu' auparavant le comte Hermann, homme noble du royaume Teutonique, en était réduit à accepter avec reconnaissance un pain que le duc lui envoyait tous les jours ; et *Henry de Ascha*, homme de probité singulière, serait mort de privation, si le duc Godefroy de Bouillon, dont il était l'homme, et qu'il servait depuis longtemps dans les guerres, ne l'avait admis à sa table (4). — Mais la peste ne tarda pas à se mettre dans l'armée et *Henry de Ascha*, homme remarquable par sa naissance et par sa bravoure, succomba durant cette épidémie au château de Turbessel où il fut enseveli (5).

---

1) Guill. de Tyr. VI. 8. H. C. O. t. I p. 247. Albert d'Aix. IV. 35 H. C. O. t. IV p. 413. Ce récit capital manque dans la Biographie Belge.

2) Guill. de Tyr. VI. 17 H. C. O. t. I p. 263 — Albert d'Aix IV, 43. H. C. O. t. IV p. 422.

3) Albert d'Aix IV, 49. H. C. O. 7. IV p. 424. Ce récit manque dans la biographie belge.

4) Guill. de Tyr VI, 22. H. C. O t-I p. 272 — Albert d'Aix IV, 54 H. C. O. t. IV p. 427. C'est à l'occasion de ce passage que l'auteur de la biographie belge, après avoir énuméré tout ce qu'il ne dira pas ajoute : « Bornons nous à dire que, d'après Albert d'Aix, Henri d'Assche fut un de ceux avec qui, Godefroy de Bouillon, dans cette affreuse détresse, partagea son dernier pain.

5) Guill. de Tyr VII, 1. H. C. O. t. I, p. 278 — Albert d'Aix V 4 H. C. O. 7. IV. p. 435 Durant le siège d'Antioche Baudouin avait donné à son frère Godefroy de Bouillon tous les revenus de Turbessel (Alb. d'Aix IV, 9 H. C. O. p. 396) c'est donc dans un fief de Godefroy de Bouillon que mourut Henry.

III.

Voici maintenant, d'après le chapitre précédent les détails qui peuvent nous servir à déterminer le pays de Henry et de Godetroy de Ascha. Ils étaient *du château* de Ascha, *n'étaient pas comtes*, mais figurent toujours cependant parmi *les plus illustres croisés ;* étaient *parents de Godefroy de Bouillon* et attachés à sa personne, *avaient des parents à Mechela sur la Meuse*. On a remarqué aussi que Henry était connu d'une religieuse de Trèves, et l'on peut se demander à cette occasion s'il n'était pas des environs de cette ville. Mais le fait que Henry intercède auprès de Godefroy de Bouillon pour le faire agir sur l'évêque de Tréves et non auprès de ce dernier, qu'il semble ainsi connaître assez peu personnellement, rend cette hypothèse improbable (1).

Si l'on ne tient compte que du nom *Ascha* de nos héros, tous les villages d'Esch ou d'Asch *de la Lotharingie d'alors* peuvent les revendiquer. Aussi nous connaissons déjà trois concurents ! C'est l'abord *Assche* « bonne bourgade comprenant quelques villages située entre Bruxelles et Alost à moitié chemin » (2). Butkens y place Henry et Godefroy d'Asscha (3), et l'auteur de la Biographie Belge, qui le cite, semble partager son sentiment.

C'est ensuite *Esch sur la Sûre,* village du grand duché de Luxembourg qui possède encore les restes d'un château fort, Mr Neyen place Henry et Godefroy en tête de sa liste des seigneurs d'Esch (4). — C'est enfin Esch ou Oudenesch sur la Salm, cercle de Witlich, qui eut des seigneurs d'Esch, de Asche, de Hasch ou de Hes,

---

1) Cette religieuse pouvait ne pas être originaire du pays de Trèves, ou n'avoir connu Henry que depuis le départ pour la croisade.

2) Butkens, *Trophées du Brabant*. La Haye 1724. t. II. page 26. — Je remercie Mr Léon Germain de Maidy qui m'a fourni la bibliographie relative à l'histoire locale.

3) Ibid. page 134.

4) *Histoire des seigneurs et du bourg d'Esch-sur-Sûre* par A. Neyen dans les *Publications de la section historique de l'Institut royal grand ducal de Luxembourg* tome 31, 1876, p. 149 — 309. cf. p. 176. Mr Neyen omet toutefois Frédélo père de Henry et de Godefroy. Il renvoie à Bertholler et à Brower qui résument Guillaume de Tyr et à Masen qui résume Brower. Cela ne prouve donc pas que Ascha soit Esch sur Sûre. Il renvoie aussi aux Archives de Coblentz, mais je ne les ai pas vues et ne sais pas ce qu'on peut y trouver en faveur de sa thése.

originaires de l'électorat de Tréves dont ils ont été fieffés chambellans héréditaires 1).

Les chartes citées par Mr Neyen n'éclaircissent guère la question, car il s'agit d'actes au bas desquels des seigneurs d'Asch apposent leur signature *comme témoins* Cela nous renseigne donc fort peu sur leur domicile. Il est cependant remarquable que ces actes semblent graviter autour de l'archevêque de Trèves. Par exemple : En 1132 Waltherus de Asch scelle un acte de confirmation d'une donation faite par l'archevêque de Trèves. En 1137, Godefroy de Asche confirme le fondation par Adalbéron, archevêque de Trèves, du monastère de Stuben. De 1157 à 1162, on trouve Gerardus de Asch, minister Trevirensis.

Pour Mr Neyen, comme je l'ai signalé en note, *Mechele sur la Meuse* devient *Macheren et Grevenmacker sur la Moselle*, ce qui est hardi.

La pièce la plus importante, que nous supposerons authentique, est résumée de la manière suivante dans la Biographie Belge. « La première fois que leur nom se trouve positivement mentionné, c'est dans l'acte de vente par lequel Ide de Boulogne et ses deux fils Godefroy de Bouillon et Baudouin transportèrent au chapître de Sainte Gertrude de Nivelles les alleux de Baisy et de Genappe, acte qui, selon le cartulaire de cet établissement, s'accomplit en 1096, dans l'Eglise de St Servais à Maestricht et que Godefroy et Henry d'Assche signèrent comme témoins ». Il s'agit là évidemment de nos héros et des préparatifs de Godefroy à la veille de son départ pour la croisade. Le fait que cet acte fut signé à Maestricht nous autorise à nous demander si les témoins n'en demeuraient pas à petite distance.

Si l'on remarque d'ailleurs qu'à dix kilomètres en aval de Maestricht se trouve Mechelen sur la Meuse, village qui répond et qui semble seul répondre à l'orthographe « *Mechele* sur la *Meuse* » d'Albert d'Aix, on pourra se demander avec raison, croyons nous, si le *Castellum de Ascha* n'était pas situé dans les environs. Il y a à dix

1) *Ibidem* pages 180 — 181. Mr Neyen cite à cet endroit Mr Eltester, conseiller d'archives à Coblentz. Il prouve que les seigneurs d'Oudenesch sont différents des seigneurs d'Esch sur Sûre mais il ne prouve pas que les Ascha n'ont pas pu vivre à Oudenesch.

kilomètres de Mechelen et à quinze de Maestricht un village d'Asch (en Campine) et dans les environs d'Aix-la-Chapelle des villages d'Esch qui répondraient bien mieux aux conditions de notre problème que l'Assche à l'ouest de Bruxelles et les Esch voisins de la Moselle dans le Luxembourg et le pays de Trèves. Il semble vraisemblable aussi qu'Albert d'Aix était non pas d'Aix en Provence mais d'Aachen (Aix la Chapelle), si l'on remarque dès lors que, Godefroy de Bouillon mis à part, Henry et Godefroy d'Ascha sont ses guerriers de prédilection, on devra se demander à quoi tient cette sorte de partialité et la réponse la plus facile est encore que Henry et Godefroy d'Ascha devaient être assez peu éloignés d'Aix la Chapelle et qu'ils furent ainsi *les héros du pays d'Albert*, héros supérieurs à tous les autres comme on le sait; voilà pourquoi il leur consacra tant de pages dans son histoire. C'est donc à Asch en Campine à Aachen et à Eschweiler que nous chercherions l'existence d'un château de Ascha.

IV.

Terminons ce travail par l'indication et l'analyse des sources syriaques.

Les scribes orientaux ont coutume, quand ils ont terminé la transcription d'un manuscrit, de nous écrire leur nom, l'année (et quelquefois le jour et l'heure) où ils se trouvent, puis ils ajoutent assez souvent une note sur quelqu'évènement contemporain qui les préoccupe. Cette note est authentique puisque le scribe écrit ce qu'il a vu. C'est dans deux notes de ce genre écrites à Jérusalem en 1138 que les scribes Romanus (1) et Michel nous racontent les tribulations que fit subir à leurs correligionnaires jacobites un seigneur franc nommé *Godefroy* (2).

1) Ce scribe devint plus tard, en 1139, évêque Jacobite de Jérusalem — Les Jacobites occupaient, dans cette ville, le couvent de Ste Marie Madeleine sur lequel on trouve de nombreux détails dans Mr de Vogüé : *les Eglises de la Terre Sainte* p. 292 — 296; ces détails sont reproduits par Liévin de Hamme, *Guide de la Terre Sainte*, Hist. des Croisades: t. II p. 27 — 29. Ici l'éditeur a traduit à tort *moines Jacobins* par *Dominicains* (qui n'existaient pas, comme il le remarque); il faut lire *moines Jacobites* c.apd. Monophysites.

2) Mr Martin a traduit le nom syriaque par Gounefar, mot évidemment faux ; et la lecture Godefroy ne fera pas de doute, croyons nous, pour les orientalistes car on sait que le syriaque n'écrit, pas les voyelles, le manuscrit porte donc « Gonfry et comme variante Gronfré » l'o correspond à une semi consonne appelée mater lectionis qui porte d'ordinaire l'o ou l'ou, de même l'i et l'é correspondent à deux semi voyelles, la dernière porte plus souvent o et a que é, on pourrait donc lire encore Gonfro). La lecture semble donc devoir être (en omettant l'n nasal), Goffri ou Goffré ce que l'on traduisait souvent en latin par Gofrides et Gofredus ou Goffredus. Voir H. O. C. tome V, table.

Ce seigneur fut *l'un des premiers Francs qui prirent d'assaut Jérusalem... l'un des princes des Francs... parent de Baudouin et de Godefroy de Bouillon... il prit* (en particulier) *plusieurs villages jacobites....* et plus tard le roi Foulques semble dire que *le crédit de ce seigneur est aussi grand que le sien.*

Ce seigneur *si puissant* qui se nomme *Godefroy* et *qui est parent de Godefroy de Bouillon* ne peut être, semble-t-il, que Godefroy de Ascha. Du rese les historiens des croisades n'en nomment aucun autre qui remplisse ces conditions.

Ajoutons que, d'après le syriaque, lorsque Godefroy fut fait prisonnier vers 1103, ses terres furent gérées par son neveu, qui peut être un fils de Henry de Ascha mort à Turbessel ; (1) sa femme était à Jérusalem en 1138.

Voici un fidèle résumé des notes de Michel et de Romanus : D'après eux, Godefroy se forma un fief aux dépens des jacobites (vers 1100), fut fait prisonnier (1103) — Les jacobites rachetèrent leurs villages au neveu de Godefroy et y firent de nombreuses constructions — Godefroy revint de captivité (1137), reclama ses villages et enfin transigea (Février 1138).

En ce temps là (vers 1100), un Franc, un des princes qui avaient pris Jérusalem et ses environs, un de ceux qui avaient chassé les arabes après en avoir tué un nombre infini, avait imité ses compagnons d'armes, les chefs qui s'étaient établis en chaque endroit, suivant leur nom et suivant leur pouvoir. Or à cette époque l'évêque jacobite de Jérusalem s'était enfui en Egypte (2) et n'avait laissé dans son monastère que trois vieillards impotents. Ceux ci ne purent donc veiller aux intérêts des jacobites et deux villages que ces derniers avaient

---

1) Car les Ascha devaient avoir un certain train de maison puisque « le renard » construit sous les murs de Nicée fut garni par leurs hommes et par ceux d'Hermann. Ce n'étaient donc pas des guerriers isolés, c'étaient des chefs avec leurs vassaux (parmi lesquels étaient sans doute Franco et Sigemar) ; ils pouvaient donc avoir aussi leur famille avec eux. — Le syriaque nous apprend que la femme et la famille de Godefroy étaient a Jérusalem (vers 1136). Cela nous expliquerait encore pourquoi on ne lenr trouve pas de lignée à Assche en Belgique ni peut être ailleurs.

2) Lors de l'invasion des Turcs en Palestine.

achetés auparavant (1) furent traités comme des biens sans maître. Ce fut un prince nommé Godefroy qui s'empara de ces deux villages de Beth-'Arif et de Adseh (2) et du territoire situé autour. Voyant que ces fermes étaient agréables et belles, s'apercevant en outre qu'elles n'avaient ni maître ni régisseur, *et, étant parent du roi d'alors* (3), il s'empara des dits lieux. Mais après en avoir joui quelque temps il fut pris par les Arabes et conduit en Egypte chargé de fers (4).

(Un synchronisme que l'on trouvera à la page suivante, place cette prise de Godefroy vers 1103. Or, nous trouvons qu'en l'an 496 de l'hégire (1101 — 1103) le fils d'Afdhal se rendit devant un château situé auprès de Ramla (5), où se trouvaient sept cents d'entre les Francs les plus distingués; dans le nombre était (le roi) Baudouin. Le prince s'enfuit secrètement à Jaffa ; pour les autres, ils furent attaqués pendant quinze jours et forcés de se rendre. Quatre cents d'entre eux furent massacrés désarmés, les trois cents derniers furent envoyés en Egypte (6). — Parmi ces derniers devait se trouver Godefroy).

---

1) Ces deux villages de Beth-Arif et de 'Adsah furent achetés, dit notre texte, par l'évêque Jacobite Thomas. Cet évêque vivait en 1006 et 1007 (Cf. Wright, catal. des mss. syr. du Brit-Mus. p. 265 et 267).

2) Il est question par ailleurs vers 1160 d'une controverse entre les chanoines du Saint Sépulchre *et les moines Jacobites* (Migne. Patr. lat. t. 155 col. 1213) au sujet des villages de Ramathe et de *Hadesse*. C'est évidemment notre Adseh qui est peut être le *Adasa* qui figure sur la carte de Mr Guérin non loin de Jérusalem, au nord ouest, prés de Ramah.

On était porté à chercher Adseh vers le sud de Jérusalem parce que l'auteur syriaque nous annonce qu'aprés la prise de Godefroy ce village était détruit et que personne ne pouvait y habiter de crainte des Arabes. Mais il s'agit là, croyons nous, des Arabes de Jaffa et d'Ascalon, qui massacrèrent 400 Francs et en prirent trois cents à Ramla (peut-être près de Adseh), et qui venaient tuer les croisés jusqu'aux environs de Jérusalem. Adsah peut donc être au nord ouest de Jérusalem.

3) Sans doute Baudouin (1100 — 1118) frère de Godefroy de Bouillon. Ce pourrait cependant être ce dernier, si l'usurpation eut lieu dès la prise de Jérusalem.

4) Journal Asiatique t. 12, 1889 p. 61 — 62. Il est intéressant de constater que les croisés se constituaient en Palestine des fiefs analogues à ceux qu'ils avaient quittés.

5) Ramla ou Rammes ou Ramatha. Cette ville pourrait être celle qui est voisine de Adseh, fief de Godefroy (V. ci dessus note 1. Il serait dès lors certain qu'il dût combattre les infidèles à cette bataille de Ramla qui se livrait pour ainsi dire chez lui. On se rappellera cependant qu'il y a en Palestine plusieurs villes ou villages nommés Ramla ou Ramah.

6) Kamel à Altevarikh. *Hist. orientaux des croisades* 7. I. p. 215. Cf. t. II.I. p. 525. Ce fait est raconté pâr Albert d'Aix I. IX ch. III, VII. Il est dit au chap. III. que Baudouin prit avec lui *toute la maison du duc Godefroy son frère* (ainsi Godefroy de Ascha devait faire partie de l'expédition) ils étaient au nombre de sept cents, comme le dit l'historien Arabe, ils durent se réfugier dans la ville de Rammés puis dans la tour de cette ville, mais Albert croit qu'ils furent presque tous tués.

L'évêque Cyrille, revenu d'Egypte, n'avait pu récupérer ses villages, mais, après la prise de Godefroy, le patriarche Athanase alla trouver le roi Baudouin, lui donna beaucoup d'argent et arracha les deux villages au neveu de Godefroy. L'évêque Ignace Khasnoun y fit creuser deux citernes et commença à construire autour ; son successeur Ignace Bar Bousir (1) termina ses constructions puis y ajouta une chapelle dans la Tour quarrée, creusa de nombreuses citernes et bâtit au dessus de ces citernes des cellules et un monastère célèbre ainsi qu'un couvent de femmes. Il bâtit encore une grande église de toute beauté qu'il orna de tout ce qui était nécessaire et surtout de prêtres, de diacres et de moines. En un mot, ce lieu devint assez confortable pour que l'évêque de Jérusalem y demeurât souvent et en fit comme sa maison de campagne.

Environ trente trois ans après les événements racontés plus haut (2), les Arméniens devinrent très puissants en Egypte (3). C'est pourquoi l'évêque des Arméniens établis à Jérusalem partit pour l'Egypte dans le but d'y recueillir des aumônes pour soulager l'indigence de ses ouailles de Palestine. Or, quand le chef des Arméniens en Egypte vit l'évêque il se réjouit beaucoup, et, comme il était tout puissant sur toute l'Egypte, il lui promit de lui accorder tout ce qu'il lui demanderait.

Godefroy était encore vivant dans sa prison *mais très avancé en âge. Beaucoup de rois avaient sollicité sa mise en liberté* mais il n'avait pas été délivré. C'est pourquoi l'évêque des Arméniens demanda sa liberté, espérant en tirer profit et se faire un nom dans le monde. *La femme de Godefroy et ses parents lui avaient promis* en effet que, s'il le faisait mettre en liberté, on lui donnerait un village.

Le retour de Godefroy fut la cause de grands ennuis pour beaucoup de personnes car *sa principauté avait été prise par beaucoup de monde* (4). Quand il se présenta

---

1) Il arriva à Jérusalem le 1er octobre 1125 et mourut en 1138.

2) On trouvera à la page suivante que les procès engagés par Godefroy furent réglés les 1e février 1138. On peut donc croire qu'il revint en 1137. Enfin les négociations pour sa mise en liberté purent prendre une année ce qui placerait en 1136 l'époque où les Arméniens étaient très puissants en Egypte; et en 1103 la prise de Godefroy par les Arabes.

3) Voir journal as, 1888, juillet août, p, 489 à 490 et 1889 janvier-juin p, 63 note 4.

4) L'autre scribe, Romanus, écrit : « il revint et affligea tout Jérusalem, mais nous plus que les autres, à cause de notre faiblesse. »

au roi et aux seigneurs, *ceux ci le considérèrent comme un mort qui, sorti du tombeau, revenait à eux.* Ils se réjouirent cependant beaucoup, en le voyant âgé, parce que *c'était un des premiers et des plus illustres.* Le roi ordonna qu'on lui rendit tout ce qui lui avait appartenu avant qu'il fut emmené en captivité (1) (Godefroy ordonna aux Jacobites de quitter le village de Adseh. Ceux ci qui l'avaient acheté et racheté et avaient, heureusement pour eux, un évêque « qui plaisait au roi, à la reine et à beaucoup de princes », résistèrent.) Ils eurent recours à la reine Mélissende, fille d'une princesse arménienne qui était bien disposée à leur égard. Elle écrivit au roi pour lui remontrer que ces villages avaient toujours appartenu aux jacobites et qu'ils y avaient fait de nombreuses constructions. Le roi fit comparaître devant lui tous ceux qui avaient des procès avec Godefroy. — Le 1er Février 1138 l'évêque Ignace alla trouver Foulques (2) qui lui promit de l'aider de toutes ses forces en paroles et en actes. Le lendemain matin Godefroy arriva, l'esprit très superbe, et se présenta au roi ; aussitôt le roi et le patriarche des Francs (Guillaume de Malines) et tous ceux qui étaient présents le prièrent d'accepter de l'argent des Jacobites et de demeurer tranquille. Seulement il ne voulut pas acquiescer à leur désir, disant : « Ils me donneront tout, ou bien ils videront les lieux, car voilà tant d'années qu'ils dévorent ma substance ». On obtint cependant que Godefroy remit la cause au jugement de la reine. Entre-temps le roi vint trouver l'évêque jacobite et lui dit : « Tu ne te délivreras pas aisément de cet homme. Il vaut donc mieux faire maintenant ce que *tu seras obligé de faire plus tard même avec mon appui,* ne diffère donc pas ». L'évêque remit la cause entre les mains du roi qui parla à Godefroy et obtint enfin qu'il laisserait les villages aux Jacobites moyennant un paiement de deux cents dinars (3).

---

1) Journal as, 1889, t. 13, p. 63 — 65.

2) Roi de Jérusalem de 1131 à 1142.

3) Journal as. 1889, t. 13, p. 65 — 69, Romanus ajoute que l'on obtint de Godefroy (sans doute pour se prémunir contre une troisième revendication) un écrit franc avec le sceau du roi.

[Tels sont les renseignements que nous fournissent les sources syriaques. Godefroy qui pouvait avoir de 30 à 35 ans en 1096 au départ pour la croisade, avait donc en 1139 de 72 à 77 ans. Il reste à trouver l'endroit où il mourut.]

14 Août 1899. F. NAU.

QUELQUES CONSIDÉRATIONS

sur le travail : « *Les croisés Henry et Godefroy du château de Ascha* » de M. F. Nau.

Le travail, si richement documenté, du savant professeur de la faculté catholique de Paris, sera lu avec un intérêt spécial par tous ceux qui s'occupent de l'histoire, à une époque presque légendaire encore, de nos régions lossaines ou limbourgeoises.

Nous adressons à l'érudit orientaliste, l'expression de toute notre reconnaissance pour l'aimable procédé qu'il a eu en nous réservant et, en nous faisant parvenir par l'intermédiaire de son savant collègue, M. Germain de Maidy, secrétaire perpétuel de la société d'archéologie lorraine, cette importante et substantielle étude.

La revendication, pour nos contrées de ces seigneurs d'*Asche* ou d'*Assche* attribués jusqu'ici à d'anciennes localités plus lointaines, brabançonnes ou luxembourgeoises, sans être *péremptoirement* démontrée, nous paraît pouvoir être admise sans trop de témérité à la suite des conclusions rigoureusement châtiées de M. Nau et que nous croyons pouvoir confirmer quelque peu.

Où se trouvait donc le castellum d'*Ascha ?* Un fait semble être bien établi ; c'est qu'il ne devait guère être éloigné de *Mechelen sur la Meuse* où vivaient *Franco* et *Sigemar* les compagnons des d'*Ascha*, les inventeurs, avec ces derniers sans doute et le comte Hermann, (1) du *Renard*, la fameuse machine de guerre qui répondit si mal à l'attente de ses constructeurs sous les murs de Nicée.

Existe-t'il, au moins, des traces dans l'histoire de nos régions mosanes de ce nom d'*Asche* ou d'*Assche* des croisés en question ? Nous n'en rencontrons que fort peu, en vérité ; mais, n'oublions pas qu'il s'agit ici de nobles non titrés, connus par leur prénom seul auquel on accollait alors le nom de leur domaine.

Nous trouvons toutefois, qu'un *Hubert de Asche* se trouve signalé, vers la moitié du XIe siècle, dans la chronique de l'abbaye de St-Trond (2) comme ayant bénéficié de la *villa de Seny* dépendance de cette abbaye, et dont s'était emparé un *Comte Bertolf de Vianden*. (3)

---

1) « L'un des principaux de l'Allemagne » dit Albert d'Aix. Ne s'agirait t'il pas de Herman comte palatin de la Basse Lorraine que nous rencontrons avec Godefroid de Bouillon et Conon comte de Montaigu à Liége, le 27 mars 1082 lors de l'établissement de la « Paix-Dieu » par Henri de Verdun prince-évêque de Liége. Voir Daris : La Principauté et le Diocèse de Liége jusqu'au XIIIe siècle p. 405.

2) Voir : Chronique de l'abbaye de St-Trond. par le chevalier C. de Borman, 1877, Tome 1, p. 146.

3) A remarquer les relations existant entre ce noble luxembourgeois si voisin du pays de Trèves, avec un *d'Ascha*.

D'autre part, M. Th. de Raadt, inscrit sous le nom d'*Asch (en campine)* (1)un *Jean van As* et *Assche,* chevalier, jadis prisonnier à *Bassweiler* sous le burgrave de Limbourg et qui portait sur son sceau une croix engrelée (meuble fréquent chez la noblesse liégeoise et limbourgeoise, chargée en cœur d'une étoile à 5 rais. (XIVe siècle.)

Quant à la localité d'*Asch* en campine, que vise M. Nau, mais sans insistance, elle est bien connue de tous nos lecteurs. De plus, elle n'est éloignée que de deux lieues, environ, de *Mechelen sur Meuse.*

Serait-ce là qu'il faudrait rechercher l'ancien château de nos héros ?

Bien qu'Asch ait été le siège d'une seigneurie (heerlickheyt) au moyen âge (2) et que nos souverains, les comtes de Looz y partageassent avec les princesses-abbesses de Munsterbilsen la collation de la cure et le patronat de l'Eglise d'Asch aux XIIIe et XIVe siècles, (3) nous ne saurions nous résoudre à y voir fixer l'ancien *castellum d'Ascha.* Ni l'histoire, ni des légendes, où des traditions locales ne nous renseignent rien à cet égard.

Aucunes traces de ruines d'un château-fort lequel devait être, à en juger par le rang et la parenté de ces seigneurs, un manoir d'importance, ne s'y retrouvent.

La topographie même de l'endroit semble s'opposer à l'idée que dans cette localité, la plus aride et la moins peuplée de la campine limbourgeoise, sise sur son plateau le plus élevé, sur la crête de partage des bassins de la Meuse et de l'Escaut, ait pu exister quelque château féodal important.

Rien ne nous autorise donc encore, en ce moment, à désigner *Asch* comme l'emplacement cherché ; rien, qu'une simple similitude de nom.

En attendant que surgisse une preuve historique indiscutable, sous la forme de quelque charte inédite, recourons à l'étymologie et à la toponymie pour rechercher notre *castellum* mais toujours dans ces environs.

Non loin de *Mechelen-sur-Meuse,* à trois kilomètres seulement sur la rive droite du fleuve, s'élève le château si historique d'Elsloo « C'était » dit M. Franquinet (4) « l'ancienne forteresse des Nor- « mands, qui, au IXe siècle, firent tant de ravages aux Pays-Bas. « Il y avait aussi un palais *des rois Francs.* Le nom de cet « endroit est diversement écrit dans les anciens documents.

---

1) Voir : Sceaux, armoiries, etc. Tome premier, p. 182.

2) Voir : Van Neuss, Inventaire des archives du chapitre noble de Munsterbilsen, p. 65.

3) Voir : Ibidem p. 120.

4) Voir dans les Annales de la Société historique et archéologique de Maestricht, années 1853-1855, page 129, un article du savant archiviste de cette ville M. Franquinet, qui vient de mourir tout récemment [février 1900.]

« C'est ainsi qu'on trouve (1° qu'Elslo » s'écrivait en 861, dans un diplôme de *Lothaire*, roi de Lorraine, *Aslao* ; (*voir codex Laurisham. diplcm ; edit Lameii, tome 1. N° 24* (2° *Haslon*, dans les annales de metz (3° *Ashlon*, dans les chroniques de Réginon ; (4° *Haslac* dans les annales de St-Vaast et la chronique des Normands ; (5° *Ascloha*, dans les annales de Fulde. Enfin, (6° dans un diplôme de l'empereur Arnoul de l'an 888 on trouve *Elsloo* sous sa forme *Aschlo*. (1)

Malgré cette variété d'ortographe, on peut, ajoute l'auteur, reconnaître que le nom véritable est *Asclohe* ou *Aschlo* que le savant Pertz (Monumenta german. hist. tome 1, p. 396 : « forsan locus ad confluentes aschæ et mosæ infra Leodium, quærendus *loh* enim silvam significat.) cherche à expliquer par le nom d'une rivière *Asch* qui n'existe pas. Asc, Asch est, en ancien tudesque, *frêne* ; en langue scandinave que parlaient les normands *Ask*, *Asken*, en hollandais moderne *Esch*.

Les étymologistes les plus modernes identifient l'*E* et l'*A* dans les mots *Asch* et *Esch*. En résumé il semble bien établi que ces termes désignent l'un et l'autre soit *cendres*, soit *frênes*. *Asch-lo* ; *Els-lo* ou *Esch-lo* signifierait endroit boisé de frênes sinon endroit aride. (2)

Ces termes auraient été employés l'un ou l'autre d'après l'époque, sinon, d'après la nationalité des scribes.

Elsloo ou sa forme primitive *Eylsloe*, *Elselo*, *Elslo* n'apparaît, dit M. Franquinet, qu'au XIIIe siècle. (3) Nous devons à la vérité de dire qu'il fait erreur; car, vers l'année *1120*, déjà, nous trouvons la phrase suivante dans la chronique de St-Trond éditée par M. de Borman (4) « A Trajecto autem descendens *Eyselo castellum*, — *à remarquer le terme* **castellum** — invenit ibi majorem prœpositum ecclesiæ sancti Lamberti Andream qui postea Trajectensis extitit (5) episcopus, et cum eo de ecclesia majores, qui Alexandri communionem vitabant. »

Il s'agit ici d'André de Cuyck prévôt de St-Lambert de 1121 à 1123. (Voir de Chestret) (6) et de la querelle des investitures, à propos d'Alexandre de Juliers. (7)

---

1) Voir encore : De Munten der leenen van de voormalige Hertogdommen Brabant en Limburg enz. de P. O. Van der Ghijs, 1862, p. 22.

2) Voir pour plus de renseignements : a) de Corswarem, Mémoire historique et étymologique sur les noms des anciens habitants, etc. de la province de Limbourg.

b) Toponymische studie over de oude en nieuwere plaatsnamen der gemeente Bilsen par MM. le Dr Cuvelier et Camille Huysmans 1897, p. 65 et 66 et, page 78, pour le suffixe *lo : loo ; loh*.

3) Loco citato.

4) Tome 1, p. 18. Voir aussi un Arnould d'Elsloo en 1125, dans Van der Chys ; loco-citato. Voir aussi : Revue de la numismatique belge 1852, p. 142.

5) Cet André fut évêque d'Utrecht de 1127 à 1139.

6) Numismatique de la principauté de Liége etc. 1890, p. 89.

7) Voir Revue de la numismatique belge 1856, p. 57.

Quoiqu'il en soit aucun seigneur d'*Aschlo* ou d'*Elsloo* n'est connu dans l'histoire, pensons-nous, antérieurement au 12e siècle. Or, comme le dit M. Nau, on ne retrouve de lignée aux d'*Asche* ou d'*Assche* en Belgique ni ailleurs, peut-être.

Sans rien affirmer nous nous berçons de l'espoir que des faits nouveaux viendront confirmer ces conjectures, toutes en faveur de l'opinion de M. Nau. La question est en bonnes mains et finira par s'élucider.

Nous ajouterons encore un mot. La lecture de la chronique de l'abbaye de St-Trond précitée de M. de Borman, de même que celle des notices sur les églises du diocèse de Liége (1) fait dérouler sous nos yeux, des noms de personnages identiques à ceux que M. Nau rencontre réunis, plus tard, lors de la 1re croisade, en Hongrie, en Turquie et en Palestine. C'est ainsi que le nom de *Frédélon* que portait le père de nos héros se rencontre en *1083* à propos de l'avouerie de *Nandrin* en *Condroz* que l'évêque de Liége donna solennellement à *Conon de Montaigu* à l'effet de défendre cette propriété épiscopale contre Gislebert, comte de Clermont et son complice Frédélon qui commettaient des usurpations continuelles sur ce domaine. Sans pouvoir affirmer qu'il s'agisse du père des jeunes croisés nous croyons pouvoir faire état de ce nom, de même que de celui de *Conon* ou *Cuonon de Montaigu*. Ce dernier fut, avec un certain *Godefroid* témoin, en 1078, d'une charte, par laquelle une riche comtesse *Ermengarde* laissa de nombreux biens situés dans nos environs ; à Waremme, Rummen, Curange, Brée, Alken, Jamine etc (2), à la collégiale de St-Barthélemy à Liége.

Nous pourrions aisément allonger cette liste mais, sans plus d'utilité nous semble-t'il. Nous nous bornerons, à dire pour témoigner des relations qui existaient entre Godefroid de Bouillon et les seigneurs de nos régions, qu'en 1096, au moment de partir pour la première croisade, Godefroid, de concert avec sa mère Ida, donna ou plutôt vendit à l'abbaye de *Munsterbilsen* une série de domaines situés dans nos régions, non loin de Maestricht ; entre-autres à Reckheim, Bilsen, Bocholt, Eygenbilsen, Leuth, etc., etc. ; et cet acte se passa dans l'église de Bilsen.

Comme nous l'a fait remarquer le chevalier C. de Borman le nom de *Busoholz* que renferme la charte, pourrait signifier Bilsen ; celui de *Reken*, Ryckhoven, au lieu de Reckheim ; celui de *Liten*, Lethen au lieu de Leuth ; etc., etc., toutes localités environnant Bilsen et situées au cœur de notre province et peu éloignées de Maestricht (4).

---

1) Voir : Daris : Notices sur les églises du diocèse de Liége tome XII, p. 130 et 131.

2) Voir Daris : Histoire de la bonne ville, de l'église et des comtes de Looz. Tome 1, p. 394. Voir aussi le cartulaire de St Barthélemy de Liége.

3) Voir ; Wolters ; Munsterbilsen, p. 45.

4) Voir : Toponymische studie, etc. de MM. Cuvelier et Huysmans, aux noms cités. C'est le plus remarquable travail de toponymie publié dans notre province.

Mr Nau fait remarquer qu'en la même année 1096, la mère de Godefroid de Bouillon et ses deux fils transportèrent ou vendirent au chapitre de Ste Gertrude de Nivelles les alleus de Baisy et de Genappe et que cet acte s'accomplit dans l'église St Servais à Maestricht avec les deux frères *d'Ascha* comme témoins.

Or, il faut noter que l'abbaye de St Servais de Maestricht a dépendu, pendant deux siècles environ non sans interruption toutefois ; de (*887* à *1087*) de l'archevêché de Trèves (1).

Ce fait pourrait nous expliquer les relations qui existèrent jadis entre les nobles de ce pays et ceux de nos contrées et qui se resserrèrent sans doute lors de la 1re croisade entre compagnons d'armes combattant en pays lointains, pour la même cause, et dans un même esprit d'enthousiasme religieux.

Tout donc nous porte à croire, nous le répétons, que comme le préjuge avec tant de raison M. Nau, c'est dans nos régions qu'il faut rechercher le castellum d'Ascha. La haute antiquité du manoir d'*Elsoo* et son histoire si intéressante à travers les siècles, nous semblent devoir plaider en sa faveur pour y fixer le siège d'un important *castellum,* dénomination sous laquelle nous le trouvons désigné, au commencement du XIIe siècle.

Elsloo appartient actuellement à la Hollande. Les savants du duché de Limbourg interviendront sans doute dans nos recherches et leurs riches archives nous ménagent peut-être quelque surprise !

Quoiqu'il en soit, *Elsloo* appartenait, au moyen âge, au pays de Looz ; car, sous le prince-évêque de Liège, Jean d'Arkel, au XIVe siècle, ses seigneurs avaient le droit et les quartiers de noblesse requis pour faire partie de la noble salle de Curange, haute cour féodale du comté, et son église faisait partie, en 1559, de l'archidiaconé de Campine. (2)

A ce titre son histoire appartient presque tout entière à celle du comté de Looz.

Nous y reviendrons. Dr C. Bamps.

---

1) Voir : Publications de la société d'archéologie du Duché de Limbourg ; t I — 1864 p. 258, d'après la notice de M. Van Heylerhoff dans l'Annuaire du Limbourg de 1828, p. 142 et 143.

2) Voir : de Corswarem, loco citato, p. 105 et 158.

II

LE CROISÉ LORRAIN

GODEFROY DE ASCHA,

D'APRÈS

DEUX DOCUMENTS SYRIAQUES DU XIIe SIÈCLE,

PAR

M. F. NAU.

EXTRAIT DU JOURNAL ASIATIQUE.

I

M. Martin a publié dans le *Journal asiatique*[1] deux textes syriaques écrits les 10 février et 25 août 1138 et relatifs surtout à un seigneur franc, l'un des chefs de la première croisade, que nous nous proposons d'identifier.

1° Ce seigneur se nommait Gonfré, c'est-à-dire Godefroy[2].

[1] Nov.-déc. 1888, p. 471-492, et janvier 1889, p. 33-80.

[2] Dans le premier texte, on lit quatre fois ܓܘܢܦܪܝ (p. 43, l. 4; p. 44, l. 9; p. 45, l. 9; p. 47, l. 6); et une fois ܓܘܢܦܪܝ (p. 49, l. 2), ce qui doit se lire, semble-t-il, Gonfroi (ou Gonfri), d'où Goffroi et Godfroi. Le second texte porte seulement ܓܘܢܦܪܐ «Gonfré» (p. 52, l. 7). M. Martin a transcrit ce nom propre par *Gonnefar*, ce qui est certainement inexact, puisqu'il ne transcrit pas la dernière lettre; il propose (p. 479) de lire *Gauffier* (de La Tour, chevalier originaire

2° Il faisait partie de la première croisade, dont il était l'un des chefs, et contribua à la prise de Jérusalem[1].

3° C'était un seigneur très puissant, qui faisait échec au roi Foulques et à la reine Mélissende eux-mêmes[2].

4° Il était « parent et proche » de Godefroy de Bouillon et de son frère Baudouin[3].

Enfin, ajoutons, comme détail intéressant, que

des environs de Limoges); il aurait dû dire *Gauffré*, car la consonne *r* précède l'*i* ou l'*é*, et aurait trouvé que *Gauffré* (en latin de l'époque, *Gauffredus* ou *Goffredus*) donne encore Godefroy. — Il suffit de parcourir les tables des *Historiens des Croisades* (voir surtout *Hist. occid.*, t. I, IV et V) pour voir que le *d* du mot *Godefroi* tombait très souvent, car on ne trouvera pas moins de quinze fois les formes *Gaufridus*, *Gofredus*, *Gaufredus*.

[1] *Journal asiatique*, janvier 1889, p. 42, l. 14. ܦܪܢܓܝܐ ܚܕ ܡܢ ܩܕܡܝܐ ܪ̈ܫܢܐ ܗܢܘܢ ܕܐܚܕܘܗ̇ ܠܐܘܪܫܠܡ « un Franc, l'un de ces premiers princes qui s'emparèrent de Jérusalem ». Cf. p. 61, l. 21 : « Ce prince... s'empara des endroits et du pays situés tout autour de nos fermes de Beth-'Arif et de 'Adecich », et p. 45, l. 12, ܡܢ ܡܫܡ̈ܗܐ ܡܝܬܪܐ ܐܝܬܘܗܝ ܗܘܐ « il était des plus célèbres ».

[2] Cf. p. 66-69. Le roi Foulques, pressé par la reine Mélissende d'être favorable aux Jacobites, ne put rien obtenir de Godefroy, sinon de différer le jugement; il dit alors à l'évêque jacobite : « Tu ne te délivreras pas aisément de cet homme. Il vaut donc mieux faire à présent ce que tu seras obligé de faire plus tard, *même avec mon appui.* »

[3] P. 43, l. 7 : ܐܝܬܘܗܝ ܚܬܢܐ ܘܩܪܝܒ ܠܡܠܟܐ ܕܒܗܘ ܙܒܢܐ « Il était parent (*affinis*) et proche du roi qui régnait alors ». Ceci se passait vers 1100, donc sous le règne de Godefroy de Bouillon, ou plutôt sous celui de son frère Baudouin Ier (1100-1118).

ce Gonfré ou Godefroy eut en Palestine, vers 1104, un neveu qui hérita de ses biens et que sa femme et une partie de sa famille semblent établis dans ce pays vers 1135[1].

II

Si nous ouvrons maintenant les Historiens des croisades, nous trouvons un seigneur — et pour l'instant nous n'en trouvons qu'un seul — qui réalise toutes ces conditions.

Il se nomme Godefroy de Ascha, ou encore Godefroy, du château de Ascha, et fut avec son frère Henry l'un des premiers qui prirent la croix à la suite de Godefroy de Bouillon, duc de Lorraine.

Ces deux seigneurs de Ascha ne sont pas mentionnés moins de dix fois par Albert d'Aix et huit fois par Guillaume de Tyr[2]; ils figurent toujours à côté des chefs de la croisade et parmi les guerriers les plus courageux. En particulier Godefroy de Ascha qui était *ex nominatissimis et capitaneis viris*, fut chargé, par le duc de Lorraine, de négocier avec le roi de Hongrie le passage des croisés à travers ses États[3] et plus tard d'aller trouver l'empereur de

[1] Cf. p. 72, l. 10, et p. 64, l. 5.

[2] Voir, dans les *Historiens occidentaux des Croisades*, les tables relatives à Guillaume de Tyr et à Albert d'Aix.

[3] Cf. Guillaume de Tyr, II, I, p. 72, et Albert d'Aix, II, II, p. 300. (Les pages indiquées sont relatives à l'édition in-folio des *Historiens des Croisades*.)

Constantinople[1]. Durant le siège d'Antioche en 1097, « Cuno de Montaigu, Henry de Ascha et son frère Godefroy, soldats qui causèrent toujours de grandes pertes aux ennemis, s'attachèrent à empêcher les Turcs de sortir d'Antioche ou d'y entrer. C'est à eux qu'incombait le travail le plus continu et le plus pénible[2]. »

Enfin Albert d'Aix nous apprend que « Henry, du château de Ascha, était fils de Frédelon, *un des collatéraux du duc Godefroy* »[3]. Ainsi les deux seigneurs de Ascha étaient parents de Godefroy de Bouillon et de Baudouin, comme l'auteur syriaque nous a dit que l'était Gonfré. Ce fait, croyons-nous, ne doit laisser aucun doute sur l'identification que nous proposons. On remarquera encore que Henry partagea la table du duc de Lorraine, dont il était « l'homme » (Albert d'Aix, IV, 54, p. 427).

Ajoutons que, d'après les Historiens des croisades, Henry de Ascha mourut de la peste à Turbessel[4]. D'ailleurs il avait emmené avec lui un certain train de maison, car, d'après Albert d'Aix et Guillaume de Tyr, il construisit à ses frais une machine de guerre sous les murs de Nicée et la garnit de ses

[1] Cf. Albert d'Aix, II, xi, p. 306. — Guillaume de Tyr, II, vii, donne ici Henry au lieu de Godefroy de Ascha, mais il confond deux faits : Henry alla aussi à Constantinople, mais dans une autre occasion. Cf. Albert d'Aix, II, viii, p. 305.

[2] Albert d'Aix, III, xxxix, p. 366.

[3] Albert d'Aix, IV, xxxv, p. 413.

[4] Guillaume de Tyr, VII, i, p. 278. Albert d'Aix, V, iv, p. 439.

hommes[1]. Il put donc avoir avec lui un jeune fils qui serait ainsi devenu son héritier et, plus tard, celui de Godefroy, comme nous l'a appris l'auteur syrien. Après la prise de Jérusalem, il est vraisemblable que Godefroy de Ascha, fils de l'un des collatéraux du duc de Lorraine devenu roi, dut se créer un fief important.

III

Cherchons maintenant à déterminer le lieu d'origine de Henry et Godefroy de Ascha. Le nom *Ascha* est très fréquent en Lorraine[2], car il n'est qu'une forme dérivée du latin *Aquæ* qui donna Aix, Esch[3], Asche, Ache, Aachen. Aussi nous connaissons déjà trois villages qui, *en vertu de la similitude du nom*, revendiquent les seigneurs Godefroy et Henry de Ascha. C'est d'abord *Ouden-Esch*, *sur la Salm*, cercle de Wittlich. Ces seigneurs d'Esch sont originaires

[1] Il s'était associé pour ce travail avec le comte Hermann « unus de majoribus Alemaniæ ». Albert d'Aix, II, xxx, p. 322; — Guillaume de Tyr, III, vi, p. 118.

[2] Il existe aussi dans la Nieder-Bavière un village de Ascha dont il est déjà question en 1220. Cf. *Monumenta Germaniæ historica :* Epistolæ sæculi xiii, Berlin, 1883, p. 82. Les noms propres Aesche, Ach, Esche se trouvent souvent aussi dans les *Necrologia Germaniæ*, Berlin, 1888, dans les *Mon. Germ. historica;* mais il est certain que les Ascha, parents et compagnons de Godefroy, sont Lorrains (Lotharingiens).

[3] Nous pouvons témoigner qu'une ville dénommée *Esch* sur toutes les cartes (Esch-sur-l'Alzette, grand-duché de Luxembourg) est toujours, en patois, appelée *Ache* par les habitants des environs.

de l'électorat de Trèves, dont ils furent fieffés, chambellans héréditaires, etc. C'est ensuite *Esch-sur la-Sûre*, dans le grand-duché de Luxembourg[1], et enfin *Assche*, village situé dans le Brabant entre Bruxelles et Gand[2]. Il nous semble que, pour faire ces identifications, on n'a pas tenu assez compte d'un passage d'Albert d'Aix et de Guillaume de Tyr, où il est dit que deux parents de Henry de Ascha, tués à côté de lui à Antioche, étaient « de Mechela, sur la Meuse »[3]. Il est donc naturel de chercher le lieu d'origine des Ascha à côté de celui de leurs parents qui les avaient accompagnés en Terre-Sainte. Or on ne signale qu'un village de ce nom sur la Meuse : c'est Mechelen, près de Maestricht. Ajoutons que

[1] Cf. *Publications de la Section historique de l'Institut royal grand-ducal de Luxembourg*, t. XXXI, 1876, p. 149-309. *Histoire du bourg d'Esch-sur-Sûre*, par A. Neyen. M. Neyen réfute au même endroit, p. 181, l'opinion qui place les seigneurs de Ascha à Ouden-Esch.

[2] Cf. *Biographie nationale publiée par l'Académie royale des sciences, lettres et beaux-arts de Belgique*, t. I, 1866, au mot ASSCHE. Car le biographe belge, pour le besoin de sa cause, écrit *Godefroy* de ASSCHA, bien que ce double *s* ne se trouve ni dans Albert d'Aix, ni dans Guillaume de Tyr. — On trouve dans Albert d'Aix (II, XXXVII, p. 327) qu'une religieuse du couvent de Sainte-Marie ad horrea, à Trèves, reconnaît en Palestine Henry de Ascha, et le prie d'intercéder pour elle. On ne peut cependant pas en conclure que Henry fût du pays de Trèves, car on remarquera qu'il n'intercède pas auprès de l'archevêque de Trèves, qu'il semble ainsi ne pas connaître, mais bien auprès du duc de Lorraine, pour le prier d'agir sur l'archevêque.

[3] Albert d'Aix, IV, XXXV, p. 413, et Guillaume de Tyr, VI, VIII, p. 247. M. Neyen, pour le besoin de sa cause, change sans doute *Mechela sur la Meuse* en *Mechera sur la Moselle*, car il suppose qu'il s'agit là de Greven-Macher, village situé sur la Moselle.

Godefroy et Henry de Ascha signèrent comme témoins, dans l'église de Saint-Gervais, *à Maestricht,* l'acte de vente par lequel Ide de Boulogne et ses deux fils Godefroy de Bouillon et Baudouin transportèrent au chapitre de Sainte-Gertrude de Nivelles, en 1096, les alleux de Blaisy et de Genappe[1]. Il semble donc à nouveau qu'ils devaient habiter aux environs de Maestricht et que c'est précisément à cause de cette proximité de leur résidence qu'ils signèrent un acte passé dans cette ville[2].

Ainsi, à notre avis, c'est Godefroy, né dans un château de Ascha, aux environs de Maestricht (par

[1] D'après la biographie belge déjà citée.

[2] On peut encore remarquer : 1° *qu'Albert d'Aix est notre seule source pour l'histoire des Ascha,* car Guillaume de Tyr, dans les passages correspondants, *reproduit Albert d'Aix;* il ne lui ajoute en effet aucun récit et en omet ou en reproduit mal un certain nombre, par exemple les visites faites par Henry et Godefroy de Ascha à Constantinople et la construction du *renard* au siège de Nicée. Citons la phrase d'Albert : « Heinricus de Ascha, Hartmannus comes, unus de majoribus Alemaniæ », qui, par un léger changement, devient dans Guillaume de Tyr : « comes Hermannus et Henricus de Ascha de regno Theutonicorum », ce qui est faux, car Hermann seul était du royaume des Teutons; 2° *qu'Albert d'Aix nous donne de minutieux détails sur ces Ascha;* il les mentionne plus de dix fois, nous apprend que leur père se nommait Fredelo, nous donne les noms, Franco et Sigemar, de leurs parents tués à Antioche, ensuite nous apprend que ces derniers étaient de Mechela sur la Meuse. — On pourra peut-être conclure de ces remarques que *les Ascha devaient habiter non loin d'Albert d'Aix,* que l'on place maintenant à Aix-la-Chapelle, et par suite devaient bien habiter vers Aix-la-Chapelle et Maestricht. On s'explique ainsi que cet historien ait consacré tant de pages et de détails à ses compatriotes. — Cet argument suppose qu'Albert était chanoine d'Aix-la-Chapelle et non d'Aix-en-Provence.

exemple à Ach en-Campine), qui fut prisonnier en Égypte durant trente-trois ans et eut, avec les Jacobites, les démêlés racontés jadis, dans le *Journal asiatique*, d'après les deux scribes syriens du XIIe siècle.

IV

Terminons par quelques remarques sur la publication de M. l'abbé Martin.

1° *Journal asiatique*, nov.-déc. 1888, p. 481 : L'évêque jacobite de Jérusalem nommé *Thomas* est mentionné dans le *Catalogue des manuscrits syriaques* de M. Wright (t. I, p. 265 et 267), sous les années 1007 et 1006.

2° *Ibid.*, p. 483, et janvier 1889, p. 75 : Sababarek est, d'après le Dictionnaire de Payne Smith, la ville actuelle de Suwerik [1].

3° *Ibid.* p. 61. Le village nommé par M. Martin ʿAdecieh n'est appelé ainsi, dans le syriaque, qu'en un seul endroit p. 43, l. 5, ܚܕܣܗ. Ailleurs, p. 45, l. 6 et p. 46, l. 3, il est appelé ܚܕܣܐ. Enfin p. 51, l. 2 on trouve ܥܕܣܗ. M. Martin a écrit à tort en cet endroit ܥܕܣܝܗ, car le *yod* n'est pas dans le manuscrit. Il faut donc lire *Hadsé*. Or dans le cartulaire du Saint-Sépulcre de Jérusalem [2], on trouve mention

[1] Cf. Bar Hébréus, *Chronique syriaque*, éd. Bedjan, p. 217, l. 3, et *Chron. ecclés.*, I, col. 499.

[2] P. 221, n° 118. Dans Migne, *Patrol. lat.*, t. CLV, col. 1213.

d'une controverse, entre les chanoines du Saint-Sépulcre et les moines jacobites de Sainte-Marie-Madeleine de Jérusalem, au sujet de *Ramathe* et *Hadesse* vers l'année 1160. C'est bien là le village de Hadsé, et il faut donc, semble-t-il, le chercher près d'un Ramath. C'est donc, à notre avis, *Adasa* qui figure sur la carte de Palestine de M. Guérin, à côté d'un village nommé Ramah[1]. Ce village (comme nous l'apprend aussi l'auteur syriaque) était exposé aux incursions des Arabes qui partaient du rivage de la mer et poussaient des pointes jusqu'aux environs de Jérusalem. En particulier, c'est près de Ramleh que, vers 1103, trois cents Francs furent faits prisonniers par les Égyptiens. Nous pouvons croire que Godefroy de Ascha était du nombre, car 1° c'est vers cette époque qu'il fut fait prisonnier puisqu'il l'était depuis à peu près trente-trois ans, vers 1136-1137; et 2° il est vraisemblable que Baudouin « accouru de Jéru-

[1] *Palestine*, t. III, p. 5-6. C'est Ἀδασά, I Macch., VII, 40. Josèphe nous apprend que ce village était à trente stades (trois ou quatre kilomètres) de Bethoron, *Ant. juives*, XII, x, 5. — Quant au village jacobite de ܒܝܬ ܥܪܝܦ (Beth 'Arif), nous n'avons trouvé qu'un nom analogue : c'est la forme syriaque du nom de Betharam (tribu de Gad) *Betharam quæ a Syris dicitur Bethramphtha*, dit saint Jérôme dans l'*Onomasticon*; Josèphe écrit Βηθαραμφθά *Ant. juives*, XVIII, II, 1. — Il serait plus naturel de chercher ܒܝܬ ܥܪܝܦ aux environs d'Adasa et par suite de Bethoron; on remarquera que le nom de Bethoron supérieure, بيت عور الفوقا (Beit-A'our el-Fouka) renferme tous les éléments du nom *Beth-'Arif* qui pourrait donc en être une variante populaire abrégée. Le scribe écrivit en syriaque d'après le son (Beth-Aour-ef, d'où Beth-Ar-éf), sans compléter le mot d'après les règles de l'étymologie. — Beth 'Arif ne serait-il pas aussi un autre nom de « Ramathe »?

salem avec un corps de sept cents hommes (*Hist. orientaux*, III, p. 525) », pour repousser l'armée égyptienne, ne manqua pas, vu sa pénurie de troupes, d'emmener son parent Godefroy avec lui. — L'historien cité raconte que, de ces sept cents hommes, Baudoin et trois autres seigneurs échappèrent seuls aux Égyptiens.

4° P. 73, note 2, et p. 54, note 1, ܡܚܕܐ dans ces textes semble signifier *étangs* ou *citernes*[1].

5° P. 74. Au lieu de : « par suite de la jalousie », traduire : « à cause de son zèle ».

6° P. 77. Metsidta est Mopsueste[2].

7° *Ibid.* Au lieu de : « Il s'empara de Alboun (Alep) et des environs », il faut traduire : *Il prit le pays de Leboun et Leboun lui-même.* Ce roi arménien τὸν Λεβούνην ὃς Ἀρμενίας ἦρχε, disent Nicétas et Cinnamus, est bien connu. Bar Hébréus (*Chron. syr.* éd. Bedjan, p. 301) l'appelle Léon et dit aussi qu'il fut pris avec sa femme et ses enfants par Jean Comnène.

8° Dans le texte syriaque, p. 50, l. 8 et note 2 :

[1] Ce sont ces étangs que M. Guérin retrouve et signale sur les emplacements de chaque village.

[2] Cette campagne de Cilicie est racontée par Nicétas et Cinnamus. Voir aussi Guillaume de Tyr, L. XIV, chap. XXIV, et Bar Hébréus, *Chronique syriaque*, éd. Bedjan, p. 301.

après ܕܡܬܟܬܠ il faut ajouter ܡܣܝܢܐ *timide;* c'est le ܘܣܝܢܐ du manuscrit. — *Ibid.* Au lieu de ܟܘܪܘܙܘܬܐ, lire ܟܘܪܘܙܘܬܢ. — P. 51, l. 2, lire ܟܬܒܗ; l. 12, au lieu de ܕܡܫܬܐ, on peut lire ܕܡܫܚܐ. — P. 52, l. 4, au lieu de ܐܠܐܡܢ, lire ܐܠܐ ܡܢ. — P. 53, l. 8 et note 1, au lieu de ܐܬܝܪܒ, lire ܐܬܝܬܡ *quand il fut orphelin;* l. 9-10, au lieu de ܡܫܬܦܟ ܗܘܐ, lire ܘܡܫܬܦܟ ܗܘܐ « *Et était répandue* » *sur lui toute la grâce de Dieu;* l. 10, au lieu de ܒܗ, lire ܒܗܿ; l. 16, au lieu de ܩܣܩܘܡܐ, lire ܩܣܩܘܣܐ, couvent connu (voir Bar Hébréus, *Chron. ecclés.*, I, col. 476). — P. 55, dernière ligne, on peut supposer que le mot illisible est ܘܩܡ « *surrexit* » *et rediit.* — P. 56, l. 2, au lieu de ܐܘܟܠܘܣܐ, lire ܐܘܟܠܣܐ *une multitude.* — P. 56, l. 3, au lieu de ܟܘܡܪܘܬܐ, lire ܟܘܡܪܘܬܐ. — P. 56, l. 15, au lieu de ܡܝܬܐ, lire ܡܝܬܐ *il mourut au matin* « *du samedi* », et non « *à l'heure* » *de complies.* Ainsi Ignace tomba malade le jeudi, mourut le samedi matin, et son corps arriva à Jérusalem le lundi suivant.

IMPRIMERIE NATIONALE. — 1900.

ENCORE

les croisés Henry et Godefroy du château de Ascha.

Au moment de publier une deuxième édition de l'article de M. Nau augmentée de quelques considérations, nous recevons de la part de l'abbé Schoolmeesters, doyen de St-Jacques à Liége, l'intéressante communication que nous nous empressons de joindre à ce travail auquel elle vient ajouter de nouveaux et précieux renseignements pour l'élucidation du captivant problème posé par le savant professeur de Paris.

Voici comment s'exprime notre érudit correspondant de Liége.

Mon cher docteur.

Henry et Godefroid d'Assche doivent appartenir à la famille de Gislebert *comte* de Aska qui est cité avec sa femme, Aleid, et ses parents Frédelon et Ermengarde dans une charte de l'abbaye de Flône de 1131, p. 20. Ce Frédelon est certainement celui dont parle la charte de 1083 (1). Nous savons de plus que ce Frédelon était parent (neveu) du comte Gislebert de Clermont qui en 1091 fit une donation au monastère de Chiny du consentement de sa tante paternelle, la comtesse Ermengarde et de ses fils. (2)

Il résulte de là que Frédelon et Ermengarde avaient d'autres fils que Gislebert d'Aska, que les propriétés de ces deux familles si étroitement apparentées étaient situées dans le Condroz à Clermont puis dans le comté de Montaigu, et qu'il est donc peu probable qu'ils eussent des propriétés en Campine. Aska serait donc un Asch du Luxembourg, et vos deux croisés seraient les fils de Frédelon et d'Ermengarde. »

« Ils consentent à la donation de Chiny ; ils ne sont pas encore partis pour la croisade. Les dates correspondent fort bien. Godefroid mourut en 1139. Le comte Gislebert est décédé avant 1138, puisque son fils Reinard déjà cité en 1136 confirme en 1198 une donation faite par son père (Flône (24)). Le comte Gislebert de Clermont devait avoir une fille, l'aînée de la famille, qui aura hérité du comté de Clermont et transmis ce comté à son époux Lambert comte de Montaigu que nous trouvons en possession de ce comté...... Tibi. »

A propos de ce comte d'Aska, M. l'abbé Evrard, curé de Jehay, l'auteur du travail « *Documents relatifs à l'abbaye de Flône* » paru dans les analectes pour servir à l'histoire ecclésiastique de la Belgique, dit en note (page 20, des tirés à part) quel est ce comte d'Aska? Ce n'est certainement pas un comte de Duras, puisque Gislebert (1084-1136) est fils d'Othon et d'Ode. Un autre Gislebert est fils de Gislebert

---

(1) Voir « Documents relatifs à l'abbaye de Flône » par l'abbé Evrard, et analectes pour servir à l'histoire ecclésiastique de Belgique, tomes XXIII et XXIV. Dans cette charte qui repose aux archives de l'État à Liége Gislebert comte d'Aska, permet aux frères de Flône de prendre dans ses forêts de Clermont-sous-Huy, tout le *mort-bois* nécessaire pour les feux de leur maison.

N. B. — Ce *mort-bois* signifie tout bois qui n'est ni du chêne ni du hêtre.

(2) Voir « Bulletin de la Commission royale d'histoire, t. IV, p. 192bis.

et d'Ode, fille du comte de Chiny. Gislebert d'Aska devait appartenir à la famille des comtes de Clermont, puisqu'il possédait un grand domaine à Clermont ; nous croyons qu'il s'agit ici d'un comte d'Esch-sur-la-Sure. Voici la généalogie de ces comtes d'Aska, telle qu'elle nous est fournie par les chartes de Flône :

Fredelon-Ermengarde 1083.
Gislebert-Aelid 1131.
Reinard-Lietgarde 1138.
Henri 1146.

Fredelon est cité dans une charte analysée par M. Daris (Notices sur les églises du diocèse de Liège, XII, p. 131) conjointement avec Gislebert, comte de Clermont, à raison des déprédations qu'ils commettaient dans un domaine que l'église St-Paul possédait à Nandrin, *in comitatu Cuononi* (Montaigu), aux confins du comté de Clermont. Il est dit dans cette charte que Fredelon était le *particeps* du comte Gislebert de Clermont.

De cette communauté de domaines nous pouvons conclure, dit l'auteur, que Fredelon appartenait à la famille des comtes de Clermont, d'autant plus que le fils de Fredelon portait aussi le nom de Gislebert. Mais comment se rattachait-il à cette famille ? Dans un document de 1091, le même comte Gislebert de Clermont fait une donation au monastère, du consentement de son frère Herman ; de sa tante (matertera) Cunigarde et des fils de celle-ci (*Miraeus*, Opera diplom., II, p. 812.) Cette Cunigarde, nom bizarre qui ne se rencontre *jamais, ne serait-ce pas notre Ermengarde, la femme de Fredelon et la mère de Gislebert, comte d'Aska ?*

Nous avons cru devoir verser à titre documentaire ces notes découvertes dans le cartulaire de l'abbaye de Flône par M. le doyen Schoolmeesters, dans notre dossier. Elles offrent de l'intérêt sous le rapport généalogique, en jetant une lumière nouvelle sur la filiation et la parenté de nos héros, mais sans élucider encore, de façon formelle, la question de l'identification d'*Asca*. Celle-ci, comme le dit un critique des *Archives belges* (1), reste encore ouverte.

C. BAMPS.

1) Voir : Archives belges du 25 mars 1900, p. 62.

www.ingramcontent.com/pod-product-compliance
Ingram Content Group UK Ltd.
Pitfield, Milton Keynes, MK11 3LW, UK
UKHW020457230726
13925UKWH00005B/1990